ERIK ERIKSON:
Il fanciullo è il padre dell'adulto

The Child is Father to the Man
William Wordsworth (1)

Cornelius O. Barlascini

INTRODUZIONE-- 5

"IL MONDO UMANO" -- 8

VITA & PENSIERO -- 16

LE OTTO FASI -- 34

LA PSICOLOGIA DELL'IO -- 58

ERIKSON E FREUD -- 65

IL TEMPO E' CAMBIATO -- 68

SCHOPENHAUER: LA VOLONTA' --73

LA TEORIA UMANISTICA -- 77

PSICOLOGIA INDIVIDUALE --80

FRANKL E BERNE -- 85

IL VERO CREDENTE -- 94

L'ETA' DI ANSIA--99

REFERENZE – 103

APPENDICE -- 109

Il mio cuore si innalza quando io vedo

Un arcobaleno nel cielo:

Era così quando la mia vita cominciò;

E' così oggi che sono un uomo;

Sarà così quando sarò vecchio,

O fammi morire!

Il Fanciullo è padre dell'Uomo;

Ed io auguro che tutti i miei giorni

Siano legati l'uno all'altro dalla Pietà.

William Wordsworth (1770-1850)

INTRODUZIONE

La tesi è dedicata alla valutazione dell'opera di Erikson in rapporto alla sua storia personale e alle influenze esercitate su di lui dalle diverse culture europea e nordamericana. Saranno presi in considerazione anche molti altri contributi europei e nordamericani, mettendo sempre a confronto i diversi modelli psicologici e sociali; si cercherà di costruire una storia parallela delle teorie psicologiche derivate dalla psicoanalisi nelle diverse società, da un lato quella europea, dall'altro quella nordamericana.

Erik Erikson nella sua opera più famosa, *Infanzia e società* (1950, 1° edizione; 1963, 2° edizione; i pensieri di Erikson provengono dalla 2° edizione), considera il processo di sviluppo dell'individuo nel ciclo dell'intera vita, mettendo in evidenza otto tappe in ognuna delle quali si presenta un momento critico – il conflitto fra due opposte tendenze – il cui esito dipende dall'interazione dell'individuo con un determinato ambiente familiare e sociale, e dalle risposte date dai diversi sistemi educativi. Le fasi dello sviluppo della personalità – individuate da Erikson – tengono conto degli stadi dello sviluppo psicosessuale definiti da S. Freud, mettendoli però in relazione con gli altri elementi culturali e sociali ed estendendo fino all'età matura lo sviluppo e l'organizzazione dell'Io. In queste pagine Erikson schematizza, attraverso la rappresentazione grafica, gli otto stadi dello sviluppo psicosociale considerati in parallelo agli stadi freudiani dello sviluppo della libido: in ognuno di questi stadi viene presentata una coppia di opposizioni che individua il conflitto da superare in quel determinato periodo della vita. (2)

Storicamente i cambiamenti, che avvengono nella psiche del bambino fra la nascita e l'età adulta sono stati poco considerati. In primo luogo lo sviluppo del bambino si è trasformato in un argomento d'inchiesta seria solo alla fine del XIX secolo ma principalmente è stato osservato dalla prospettiva dei disturbi mentali e dalla corrente principale culturale d'Europa e dell'America bianca. (Certamente figure come Erasmo, Locke e Rousseau hanno scritto sull'educazione dei fanciulli. Specialmente Locke con il suo concetto di "lavagna vuota" è stato molto influente). Alcune delle "grandi teorie" dello sviluppo del bambino, come quelle proposte da Sigmund Freud, si sono sviluppate senza evidenze empiriche e certamente hanno attirato l'attenzione sull'importanza dello sviluppo del bambino come elemento fondamentale per la salute dell'adulto. Anche quelle teorie che sono derivate dall'osservazione dei bambini non patologici, come la teoria classica dello sviluppo di Piaget, hanno prestato scarsa attenzione al piccolo rapporto fra lo sviluppo "della personalità interna" e dell'ambiente in cui l'individuo è stato posto. In opposizione, l'interazione di un individuo con l'ambiente era centrale per la scuola di pensiero conosciuta come psicologia individuale di Adler. (3)

" IL MONDO UMANO"

Infanzia e società si occupa soprattutto degli stadi dell'infanzia. La concezione del ciclo della vita che è stata esposta esigerebbe, tuttavia, un trattamento sistematico. Per introdurre il pensiero di Erikson terminerò questo capitolo con un diagramma. In tale diagramma, come già in quello delle zone e dei modi pregenitali, la diagonale rappresenta la successione normale delle acquisizioni psicosociali, fatte in modo che ad ogni stadio si aggiunge un altro conflitto nucleare, una nuova qualità ed una nuova prospettiva di forza all'Io.

I presupposti alla base di questa rappresentazione grafica sono:

1) che la personalità di un essere umano si sviluppa, in linea di massima, per tappe predeterminate, sulla base della disposizione dell'individuo a lasciarsi guidare verso una socialità più ampia e a prendere coscienza di nuovi argomenti;

2) che la società tende, in generale, ad esser costituita in modo tale da accordarsi con le tendenze individuali e cerca di favorire e conservare il loro ordine normale di sviluppo. È in tal modo che viene "conservato il mondo umano". Questa è la teoria, ma non è ciò che succede nella realtà. Molte

persone considerano repressiva la società in cui vivono.

Nel presentare gli stadi dello sviluppo psicosociale sotto forma di una carta epigenetica, analoga a quella di Freud sullo sviluppo psicosessuale, abbiamo in mente un modo metodologico preciso e limitato: quello cioè di facilitare uno studio parallelo tra gli stadi individuati dapprima da Freud come sessuali e altre linee di sviluppo (fisico, intellettuale). Se lo schema, ad esempio, elenca una serie di conflitti o di crisi, ciò non vuol dire che consideriamo ogni sviluppo come una serie di crisi: affermiamo soltanto che lo sviluppo psicosociale procede per passi critici, essendo la "criticità" una caratteristica delle svolte e dei momenti in cui si è chiamati a decidere tra il progresso e la regressione. (4, 5)

Può tornare utile a questo punto indicare come va letto uno schema epigenetico. Le caselle della diagonale più marcate rappresentano sia una successione di stadi sia uno sviluppo graduale di elementi. In altre parole, la carta schematizza il progredire nel tempo di una differenziazione di parti. Ciò vuol dire:

1) che ogni elemento di forza psicosociale discusso è in rapporto sistematico con tutti gli altri e che tutti dipendono da un normale sviluppo;

2) che ogni elemento esiste in qualche modo prima che giunga il suo momento critico.

Se, ad esempio, io dico che una certa prevalenza di fiducia rispetto alla sfiducia costituisce il primo passo nell'adattamento psicosociale, e che un rapporto tra autonomia e vergogna costituisce il secondo passo, la parte del diagramma che corrisponde a quest'affermazione esprime una serie di rapporti fondamentali esistenti tra i due stadi. (4) Ogni stadio raggiunge il massimo dell'intensità, la propria crisi ed una sistemazione duratura in un determinato momento, ma tutti debbono esistere in qualche forma fin dall'inizio perché ogni fase è integrata con tutte le altre. Così come un bambino può mostrare fin dall'inizio qualcosa che assomiglia alla "autonomia" quando cerca di liberarsi con violenza da ciò che lo tiene stretto. Il neonato cerca di liberarsi della culla per essere tra le braccia della mamma. Tuttavia, in condizioni normali, è soltanto nel corso del secondo anno che egli comincia a sperimentare, nella sua pienezza, l'opposizione critica tra l'essere una creatura autonoma ed una dipendente; ed è soltanto allora che è pronto ad un incontro decisivo con il suo ambiente, che a sua volta è in grado di offrirgli tutte le opportunità proprie dell'autonomia. La coercizione contribuirà in modo decisivo alla determinazione del carattere e della salute della sua personalità nell'ambito della sua cultura. Il bambino di due anni piange quando la mamma lascia la stanza (dipendenza). Lo stesso bambino rifiuta il cibo usando la parola "no" (alla ricerca di autonomia). Ora passiamo alla fine della fanciullezza.

Che cos'è l'identità ? Come nasce nello sviluppo umano ? La teoria di Erik Erikson descrive lo sviluppo psicologico evolutivo dell'identità, che ha il suo momento cruciale nell'adolescenza, una tappa in cui si definiscono aspetti di grande importanza per la vita futura. Tale sviluppo è caratteristico della propria individualità personale, conoscendo se stesso ed essendo se stesso. L'adolescente verifica questa crescita assumendo genuinamente, coscientemente e con la sua volontà, un orientamento che dà significato alla sua vita, con la quale traduce un'intelligenza del mondo e della realtà interna ed esterna; comunica questo mondo nella creatività della sua visione, convertendo questo essere in un valore per se stesso e per gli altri. Questa crescita ha bisogno di una continua trasformazione: per crescere deve superare quotidianamente problemi di cambiamento, tappe di crisi in cui mostra un certo grado di disorganizzazione e confusione che esprime chiedendosi frequentemente "Chi sono io ?".

Le caratteristiche dell'identità del giovane sono incommensurabili, però il nostro inventario di Identità è utile per facilitare una metodologia di classificazione delle caratteristiche descritte da Erikson.

Secondo Erikson, ogni individuo attraversa otto fasi inerenti allo sviluppo (Erikson le denomina "fasi psicosociali"). Ogni fase è caratterizzata "da una crisi" psicologica differente, che deve essere risolta dall'individuo prima che l'individuo possa passare alla fase seguente. Se la persona fa fronte ad una crisi particolare in un modo "maladaptive" alla fine cade in una fase più primitiva. Per continuare a vivere in società questa persona dovrà usare la classica "autodifesa" descritta da Freud. Se questa "autodifesa" crolla o fa diventare la persona "strana", la società considera questo individuo "malato di mente". Si deve considerare una cosa importante. Lo stesso comportamento che viene considerato "maladaptive", negli Stati Uniti d'America è considerato una perfezione nella cultura degli Sioux. Infatti il contesto culturale è molto importante. (2, 4)

VITA & PENSIERO

Erik Erikson (Francoforte, 1902 - 1994) trascorse la sua giovinezza senza una meta precisa, si dedicò allo studio dell'arte, viaggiò molto, fino a quando fu assunto con il compito d'insegnante presso famiglie americane trasferitesi a Vienna. Casualmente fece ingresso nel circolo freudiano, incontro che sfociò nell'ammissione all'Istituto Psicoanalitico Viennese. Con Anna Freud, Erikson percorse la sua psicoanalisi.

Nel 1933 a causa del nazismo si stabilì negli Stati Uniti, diventando il primo psicoanalista infantile di Boston. Occuperà in seguito posti di rilievo presso famose istituzioni: Yale, Berkeley, la Menninger Foundation, e Behavioral Sciences di Palo Alto, California. Erikson ebbe molteplici interessi: l'educazione dei bambini presso la Sioux e gli Yurok; lo studio, durante la seconda guerra mondiale, delle gravi crisi di cui erano affetti i soldati americani (dando l'avvio al gruppo psicoterapeutico come metodo di cura più economico); il gioco dei bambini normali e disturbati; gli adolescenti e le loro crisi d'identità; il comportamento sociale in India. S'interessò dei mutamenti sociali che avvenivano negli Stati Uniti e scrisse sulle tensioni razziali, sui pericoli della guerra nucleare, sulla delinquenza giovanile. Fra i suoi allievi bisogna menzionarne due:

Eric Berne, fondatore dell'analisi transazionale che ha del tutto abbandonato le teorie della psicoanalisi.

Robert Coles, che documentò la storia di bambini di colore e appoggiò il movimento per l'uguaglianza delle razze in Mississippi ed Alabama.

E' importante conoscere il periodo storico in cui ha lavorato Erikson. E' arrivato in America in un momento in cui c'era una grande libertà di pensiero e di azione rispetto ad altri paesi. Dal 1933 alla pubblicazione della prima edizione di *Infanzia e società* (1950), gli Stati Uniti d'America sono passati da un collasso economico ad una vittoria della seconda guerra mondiale. Il popolo americano era ottimista; pensava di poter risolvere qualsiasi problema. Questo modo di pensare ha permesso ad Erikson di proporre il suo sistema complesso. Era una teoria con risposta ad ogni tipo di problema.

Erikson accetta la teoria freudiana e la amplia aggiungendo ad essa una dimensione psicosociale che scaturirà dai numerosi studi da lui condotti. La prospettiva psicosociale vede lo sviluppo cognitivo come interazione tra la maturazione fisica, che porta con sé nuove abilità e quindi nuove possibilità, e le richieste che la società indirizza al bambino, sollecitandolo affinché egli apprenda nuovi comportamenti.

Le civiltà hanno elaborato modi convenzionali per far fronte alle esigenze che il bambino incontra lungo le varie fasi della sua maturazione: le cure dei genitori, le organizzazioni sociali, l'insieme dei valori, ecc. E così come la cultura ha cercato di adattarsi al bambino anche quest'ultimo si adatta ad essa. Erikson osservò che, anche se tutti i bambini attraversano la stessa sequenza di stadi, è pur vero che ogni cultura ha sviluppato un proprio modo di guidare e promuovere il comportamento del bambino secondo i bisogni e i valori che ogni società ha sviluppato. La personalità si differenzia e si organizza gerarchicamente, secondo Erikson, passando attraverso una serie di "crisi" psicologiche; ed in concomitanza a ciò l'individuo allarga la gamma delle sue relazioni sociali. La

ricerca dell'identità è il tema centrale della vita.
Queste "otto età dell'uomo" si riferiscono a otto
periodi.(4,5)

METODI

ESAME DEI SINGOLI CASI

E' una delle forme più semplici di ricerca e consiste
nell'esame dettagliato di casi singoli. E' il metodo
usato da S. Freud; infatti il padre della psicoanalisi
ha elaborato la sua teoria utilizzando principalmente
osservazioni sui suoi pazienti. Un'altra teoria molto
importante derivata dallo studio di singoli casi è
quella di J. Piaget sullo sviluppo cognitivo. L'opera
dello studioso svizzero è in massima parte frutto
dell'osservazione che egli faceva sui progressi di
crescita dei suoi figli.

Si possono prendere in esame due tipi di persone:
quelle sane e quelle malate, in quest'ultimo caso si

parla di esame di casi clinici. Come hanno giustamente osservato Maslow ed altri teorici umanisti, se basiamo le nostre osservazioni solo sull'esame di persone disturbate, possiamo avere una visione distolta della realtà. Gli umanisti danno molti esempi su questo fenomeno. Ad esempio Freud, arrivò ad attribuire troppa importanza all'inconscio nella vita delle persone, solo perché le sue osservazioni si basavano soprattutto sullo studio di persone molto disturbate (nella vecchia nomenclatura – neurotici). (3)

E' bene, se si vuole utilizzare questo metodo, prendere in esame persone sane. Se si vogliono studiare questioni di psicologia generale, come la memoria, l'intelligenza, la creatività, ecc. si devono osservare persone "normali". Questo è ciò che ha fatto Erikson durante la seconda guerra mondiale; ha osservato dei soldati esemplari e valorosi che sono crollati durante la battaglia. Ha osservato soldati handicappati o soldati afflitti da psicotrauma per mesi. Secondo Erikson dovevano essere due le cause del crollo di questi soldati:

1) una fase non risolta che non si era evidenziata prima nella loro vita; questo è il motivo più frequente della malattia psicologica del bambino, anche se all'inizio sembra una malattia somatica.

2) una circostanza che nessuno, anche se ben integrato nella società, poteva sopportare; nel bambino questa causa non è rara. (5)

L'OSSERVAZIONE ALLO STATO NATURALE

L'osservazione degli uomini, invece, al contrario di quello che si può pensare, è più complessa. Un uomo, se si sente osservato, tende a comportarsi in modo meno naturale e più conformista di quando è sicuro di non essere visto da nessuno.

Questo metodo è usato (anche oggi) spesso dagli psicologi dell'età evolutiva. C'è quasi sempre un problema di preconcetto. Ora verrà preso in esame un esempio "estremo". B.F. Skinner cominciò la sua carriera studiando piccioni e topi, ma dopo la seconda guerra mondiale iniziò a frequentare le scuole per studiare il comportamento dei bambini e trovò molto "caos". Lui dichiarava che la casa non è il luogo adatto per crescere i bambini. Il controllo del comportamento non è di competenza dei genitori ma bensì della scuola. Ma per ottenere dei buoni risultati, la scuola deve cambiare. Skinner ha scritto due libri su questo argomento:

Il comportamento verbale (1957) e

La tecnologia dell'insegnamento (1968).

L'insegnante tradizionale deve diventare "Teaching Machine". Lo studente deve essere premiato solo se risponde in modo appropriato. Il mal comportamento dello studente o risposte errate devono essere ignorate. Lo studente può essere o premiato o messo da parte. Per Skinner, il vero insegnante è uno scultore; deve "scolpire" sempre la stessa "testa" da diversi tipi di marmo. L'individuo e la libertà non trovano posto nella teoria dello sviluppo di Skinner. (3, 4)

Un'altra difficoltà evidente di questo metodo è che non sempre certi eventi sono prevedibili, spesso non si sa né dove, né come, né quando si verificheranno. Se i ricercatori dovessero ogni volta aspettare che l'evento si verifichi in natura (sperando di essere presenti), quasi sempre dovrebbero attendere per anni.

Il terzo difetto di questo metodo di ricerca è che spesso i fatti e le regolarità osservate sono suscettibili a molte interpretazioni. Ciò non è possibile, come si fa nel metodo sperimentale, isolare una variabile indipendente e farla variare in modo da saggiare i suoi effetti sulla variabile dipendente. Se, per esempio, stiamo conducendo una ricerca sui motivi che rendono felice e duraturo il matrimonio, ci troveremo davanti a tantissime spiegazioni possibili. Sarà piuttosto arduo isolare quelle importanti da quelle che hanno scarsa influenza.

Soprattutto prima di incominciare un'osservazione bisogna stabilire: i comportamenti che si vogliono osservare (che non devono essere mai molto numerosi), il numero degli osservatori, la durata delle osservazioni (quanto tempo devono durare, se devono essere ad intervalli fissi o variabili) e infine i modi di registrazione dei dati (appunti scritti, filmati, schede d'osservazione su cui segnare: frequenza, durata ed intensità del comportamento osservato, schemi su cui sintetizzare i risultati, ecc.). In effetti, al contrario di quello che può sembrare, la preparazione necessita di una programmazione pari ad un'indagine sperimentale svolta in un laboratorio. Sul campo dobbiamo essere preparati ad osservare certi comportamenti e registrarli in modo opportuno, solo così saranno veramente utili. (3)

Erikson qui agisce come un antropologo. Questo studio è una sintesi di psicoanalisi, antropologia ed esistenzialismo.

Ecco un esempio di "Homo Natura" ciò che Erikson ha osservato in un campo di Yurok:

"Il neonato non è seno-alimentato per dieci giorni, ma gli viene data una zuppa di noce da un piccolo guscio. La madre Yurok non è generosa con il suo latte; infatti diversamente dalla Sioux, la Yurok fa lo svezzamento verso il sesto mese - ovvero, circa nel periodo di dentizione. Questo svezzamento è chiamato "dimentica la madre". Il tentativo ad accelerare l'autonomia dal primo svezzamento sembra essere parte di una tendenza generale ad incoraggiare il bambino a lasciare la madre ed il suo appoggio appena questo è possibile e sopportabile." (6)

A questo punto è opportuno riportare le conclusioni di Erikson sulle due tribù da lui osservate. Il metodo produce i dati che sono sintetizzati nelle conclusioni che sono classicamente Freudiane. Qui c'è il giovane Erikson, uno straniero in un paese strano. In questa parte della sua opera, confronta due culture indigene con quella degli Stati Uniti d'America.

La tribù Yurok è vissuta in un territorio grande 250 kmq; per loro chi viveva al di fuori di questo spazio non esisteva. Hanno evitato la guerra. Erano in grado di coesistere con la società americana del

1930 per due ragioni: 1) si rifiutarono di riconoscere qualsiasi cosa al di fuori del loro mondo; 2) furono gran lavoratori, ben disciplinati ed erano molto interessati in questioni economiche, come d'altronde lo era la società americana intorno a loro. Erikson chiamò entrambi i popoli (Yurok e Usa): "la società anale". Nessun conflitto, nessun problema. (6)

Erikson narra di una situazione più tragica:
"Il più grande cambio nella vita dei Dakota probabilmente risiede nello status della famiglia: invece di essere un rinforzamento dell'autosufficienza esso è il rifugio di quelli che si sentono isolati. Il legame più forte sembra essere quello tra fratelli: un nodo sano e facilmente trasferibile. Comunque, la relazione più debole sembra essere quella tra i bambini e i loro padri;

infatti, questi sono diventati modelli da essere evitati. Invece, i ragazzi cercano approvazione dai loro cugini della stessa tribù." (7)

La tribù Sioux (Dakota) fu una società in declino. Il cacciatore che considerava la terra proprietà di tutti non ebbe un posto nella società americana di quel tempo. La tribù Sioux privilegiava due concetti: 1) non riconoscere la proprietà privata; 2) rifiuto di competizione tra loro. Queste due caratteristiche erano aristocratiche per la tribù, ma erano considerate ad un basso livello per la società americana.

Erikson chiama il Sioux "una società orale". La collisione tra le due culture è equivalente ad una conquista da parte della cultura più potente. (7)

PSICO-BIOGRAFIA

Come Freud, Jung, e Adler, Erikson ha scritto la psicobiografia di alcuni personaggi. I suoi capolavori sono: *Il giovane Lutero* e *La verità di Gandhi* . In **Infanzia e società** Erikson dice che se si prende Adolf Hitler, Maxim Gorki e se stesso all'età di 20 anni, non si può notare la differenza tra uno e l'altro. Tutti e tre erano dei vagabondi e pretendevano di essere degli artisti. Esaminiamo la sua psicobiografia di Gorki e Hitler. (8)

In alcuni aspetti significativi le due storie sono simili: sono cresciuti in lotta amara con un padre che è un tiranno (fallimento senile). Entrambi, in adolescenza, precipitarono in uno stato di malattia mentale con una vita apatica e una futile ribellione (crisi esistenziale classica). Divennero proletari intellettuali, furono vicino alla disperazione. È una coincidenza ironica il fatto che entrambi erano conosciuti sui libri di polizia nei loro rispettivi paesi come "paperhangers" (criminali di minima importanza e intelligenza). Ma qui finiscono le analogie."

Perché? Arriva un momento in cui l'adolescente deve diventare adulto. Frequentemente questo porta ad una scelta di carriera. Erikson ha trovato la sua carriera in una scuola a Vienna. Hitler è rimasto nelle strade della Germania e per sfortuna è risalito dai bassifondi al potere. Erikson esamina la mitologia (dentro *Mein Kampf* – la mia lotta) della fanciullezza di Hitler, confrontandola con la verità. Hitler si rivela autore dei suoi miti. Gorki si è trovato in un ambiente che richiede un eroe letterario; era l'incarnazione dell'artista Sovietico. Questo era il mito che gli era stato imposto.

"Infatti, il partito comunista di Lenin e Stalin, era insolitamente clemente con Gorki. La risposta sta nel fatto che Gorki, consapevolmente e caparbiamente, era uno scrittore per e dei proletari. Lui, il "vagabondo" ed il "provinciale", è vissuto in un duplice esilio, uno dalla polizia dello Zar e l'altro dai gruppi intellettuali del suo tempo."

"Gorki appartiene a quell'epoca di realismo russo che caratterizzò crudelmente la Russia dello Zar. Ma la sua scrittura non si arrese al disagio di ebbrezza che pervade quello dei suoi più grandi contemporanei. Lui non finì in un punto morto tra buono e cattivo, come era successo a Tolstoi; non finì neppure in una resa finale tra demoni del passato, come Dostoevskij". (8)

Gorki imparò ad osservare e scrivere semplicemente, perché lui vide "la necessità di rappresentare esattamente il certo - più raro e positivo - fenomeno dell'attualità." (era anche la parola d'oro di Maslow)

32

Erikson continuò a scrivere psicobiografia: *Il Giovane Luther* e *La verità di Gandhi.* Questi due libri furono molto popolari. Erikson fu preoccupato su come gli individui potessero imparare e fino a quale livello potessero arrivare. In queste due psicobiografie Erikson narra di due persone che hanno cambiato per sempre il mondo. Questi libri sono diventati dei "bestsellers" ispirando un movimento tra i saggi storici. Ora ogni biografia dei personaggi deve essere una psicobiografia.

Dobbiamo ammettere che Erikson entra in un paradigma: il sogno americano. E' l'uomo giovane che fugge dal terrore della vecchia Europa. Riscopre il successo negli Stati Uniti d'America, abbraccia i valori e acquista una fama mondiale. Questa è un'altra prova che l'America è la terra d'oro o meglio, è ciò che il sogno dice. La realtà è molto diversa.

LE OTTO FASI

I primi anni

A) Fiducia di base significa principalmente adeguata fiducia in se stesso e negli altri; maturità nel modo di affrontare la vita; fiducia e integrità personale, socialità, spontaneità, flessibilità e sentimento di soddisfazione di un Io.

B) L'Autonomia significa principalmente forza dell'Io e fiducia nella sua capacità di risposta verso l'ambiente; senso di organizzazione della vita personale come qualcosa di proprio e del quale si è responsabili; equilibrio e integrità; sentimento del proprio adeguamento, produttività e socialità.

C) L'Iniziativa significa soprattutto l'espressione spontanea e sicura di se stesso; entusiasmo, sicurezza e coscienza del proprio valore; originalità nella soluzione di problemi; capacità di decidere rapidamente, flessibilità nel pensiero e nelle azioni; attività e grande iniziativa, socialità e adattabilità.

L'Industriosità significa principalmente senso di organizzazione, responsabilità e rettitudine nel lavoro; capacità di rapidità nelle decisioni e di soluzione di problemi; adeguato grado di soddisfazione personale, affidabilità e integrità personale, adattamento ai meccanismi sociali convenzionali.

Fase 1: Infanzia -- età 0 - 1

Crisi: Fiducia contro sfiducia

Descrizione: Durante il primo anno di vita, gli infanti dipendono dagli altri per alimento, calore ed affetto e quindi devono potersi fidare ciecamente dei genitori (o dei caregivers).

Risultato positivo: Se le loro esigenze sono soddisfatte costantemente e sensibilmente dai genitori, gli infanti svilupperanno non soltanto un collegamento sicuro con i genitori, ma impareranno a fidarsi del loro ambiente. **Risultato negativo:** Se gli infanti svilupperanno la sfiducia verso la gente e le cose nel loro ambiente, lo faranno anche verso se stessi. Questi pensieri vanno d'accordo con "the idea of the good enough mother". (9)

Prima fase: orale-sensoriale. Inizia con la nascita ed è imperniata sull'acquisizione di una fiducia di base e della sua controparte, la sfiducia di base; entrambe necessarie ai fini dello sviluppo (integrate). La fiducia di base sarebbe acquisita per mezzo delle continue esperienze di tipo sensoriale garantite dalla figura materna. Le varie frustrazioni, come quella legata a provvisorie assenze della madre, hanno l'opportunità di essere gestite proprio grazie all'acquisita fiducia di base. Ciò che permette la modulazione di fiducia e sfiducia, per Erikson, è la speranza. Egli la definisce come "la convinzione permanente della realizzabilità dei desideri..."

Fase 2: Toddler -- età 1 - 2

Crisi: Autonomia (indipendenza) contro dubbio

Descrizione: I "toddlers" imparano a camminare, comunicare, usare la toilette e fare le cose per se stessi. Il loro "self-control" e sicurezza di sè cominciano a svilupparsi. **Risultato positivo:** Se i genitori lasciano al bambino l'iniziativa e lo riassicurano quando fa gli errori, il bambino svilupperà le risorse necessarie alle situazioni future che richiedono la scelta, controllo ed indipendenza.

Risultato negativo: Se i genitori sono iperprotettivi o disapprovano gli atti di indipendenza del bambino, egli può cominciare ad avere incertezze sul suo comportamento, o ad avere troppi dubbi sulle sue abilità.

Seconda fase: corrisponde a quell'anale dello sviluppo psico-sessuale. Questa fase è segnata dal controllo e dalla disciplina. Il bambino imparerebbe, in modo graduale, a sottoporre i propri bisogni e desideri al principio di realtà ed a stemperare il proprio egocentrismo nella considerazione della presenza degli altri. Nascerebbe in questa fase una coscienza etica legata soprattutto al sentimento della vergogna, a sua volta correlato all'esperienza del controllo degli impulsi. E' in questa fase che nascono i sensi di autocontrollo, di volontà e di autonomia.

Fase 3: Fanciullezza -- età 2 - 6
Crisi: Iniziativa contro senso di colpa

Descrizione: I bambini, in questa fase dello sviluppo, hanno le abilità motorie e devono sviluppare un'interazione sociale con le persone che vivono intorno a loro. Ora devono imparare a realizzare un equilibrio fra entusiasmo e responsabilità ed imparare a controllare gli impulsi e le fantasie.

Risultato positivo: I bambini impareranno ad accettare senza "colpevolezza" che determinate cose non sono permesse, ma allo stesso tempo non proveranno vergogna quando usano la loro immaginazione ed inizieranno a capire il loro ruolo. Ciò dipende dall'unità e dalla costante disciplina da parte dei genitori.

Risultato negativo: I bambini possono sviluppare un senso di "colpevolezza" e possono credere che sia errato essere indipendente. Qui si incontra la prima possibilità di regressione ad uno stadio precedente.

La terza fase psicosociale corrisponde alla fase fallica dello sviluppo psico-sessuale. Autocontrollo, volontà e autonomia si consolidano integrandosi in un atteggiamento di padronanza delle situazioni, responsabilità personale. Emerge in questa fase la virtù definita fermezza di propositi descritta da Erikson come "...il coraggio di porsi e di perseguire scopi validi, non inibito dalla sconfitta delle fantasie infantili, dal senso di colpa e dalla paura delle punizioni". Questo è il più importante risultato di questo stadio. L'attività principale del bambino, a questa età, è giocare. Il bambino sperimenta le proprie capacità imparando così a conoscere la realtà.

E' in questa fase che nascerebbe il senso di colpa, a partire dal riconoscimento che per raggiungere i propri fini è stato utilizzato qualsiasi mezzo, soprattutto quelli aggressivi. Qui c'è una nuova trappola per l'Io. Questo, è in parole semplici, il risultato che giustifica il mezzo.

L'orientamento sessuale negli individui è determinato all'età di sei anni o prima. Sono molti i fattori che determinano questo orientamento: genetica, sviluppo uterino, esperienze infantili, relazione con i genitori nei primi sei anni di vita. Gli individui non conoscono questo orientamento fino all'adolescenza (fase V). Il comportamento sessuale è il prodotto delle prime sei fasi; ma l'orientamento è il prodotto dei primi quattro o sei anni di vita, inizia

addirittura al momento del concepimento.

Fase 4: Anni scolastici elementari e medie -- età 6 - 12

Crisi: Competenza ("industria") contro l'inferiorità

Descrizione: La scuola è in questa fase l'evento importante. I bambini imparano a fare le cose, utilizzano gli attrezzi ed acquistano le abilità per essere un operaio e un fornitore potenziale. E fanno tutto questo mentre sono in transizione dal mondo della casa al mondo fuori casa.

Risultato positivo: Se i bambini possono scoprire il piacere nello stimolo intellettuale, essendo produttivi, svilupperanno un senso di competenza.

Risultato negativo: Qui entra la figura di Adler: la nascita del senso di inferiorità. Erikson, senza nominare Adler, descrive questo fenomeno: un'altra trappola per l'Io.

Quarta fase: corrisponde al periodo di latenza. Emerge in questa fase il senso di competenza e d'efficacia. Tale sentimento va ad integrarsi con le acquisizioni precedenti che ripetiamo sono: la speranza, la volontà e la fermezza di propositi. In questa fase il bambino inizia ad impegnare le proprie energie in compiti più maturi, rispetto a quelli esclusivamente ludici della terza fase. Esempi possono essere: le attività scolastiche, sportive, artistiche ovvero impegni che richiedono responsabilità.

Questa fase è un momento piuttosto delicato nello sviluppo in cui la sicurezza e la padronanza delle proprie capacità

operative risultano essere preparate per il futuro sviluppo di una riconosciuta competenza lavorativa. Problematiche in questa fase potrebbero produrre un sentimento d'inferiorità.

In questa importante fase il bambino inizia a ricevere un tipo d'educazione più formale, incomincia ad acquisire una serie di condotte sociali e impara a dominare le proprie reazioni emotive in presenza di altre persone.

Adolescenza

I traguardi riferiti proprio all'adolescenza :

A) La Prospettiva Temporale: significa principalmente un buon orientamento nel tempo e nello spazio, assimilazione delle esperienze con una acquisizione adeguata degli aspetti dello scambio interpersonale e della sensibilità (esperienza emozionale); rapidità delle reazioni e del pensiero; socievolezza; concentrazione; facilità per le attività; sicurezza verso l'ambiente.

B) La Fiducia in se stesso: significa principalmente il sentimento della propria affidabilità, senso dell'adeguatezza e organizzazione della vita personale; soddisfazione ed espressione sicura di se stesso; socievolezza e adeguata fiducia personale; forza dell'io.

C) La Sperimentazione con il Ruolo: significa principalmente enfasi nell'azione; affrontare situazioni diverse; competenza; ricerca del risultato attraverso lo sforzo produttivo; effervescenza ed espressione "colorata" di se stesso; senso della direzione della propria vita o chiarezza della propria intenzionalità; adeguato esercizio di anticipazione delle mete; maturità nel modo di affrontare la vita, energia ed entusiasmo e, in un certo modo, assenza di convenzionalismo.

D) L'Apprendistato: significa principalmente interesse per il proprio ambiente e il contatto con il mondo, come una strategia di contatto vitale; attitudine favorevole verso il lavoro e la conoscenza; adattamento convenzionale alle esigenze dell'ambiente; irrequietezza, soddisfazione personale; maturità personale; responsabilità e rettitudine nel lavoro e nella socialità.

Fase 5: Adolescenza -- età 12 – 18; ?22; ?25

Crisi: Identità contro confusione di ruolo

Descrizione: Qui è il tempo in cui facciamo la domanda "chi sono io?" Per rispondere con successo a questo, suggerisce Erikson, l'adolescente deve integrare le soluzioni sane per sconfiggere i conflitti. Abbiamo sviluppato il senso di base di fiducia? Abbiamo un senso forte d'indipendenza, di competenza e del tatto nel controllo delle nostre vite? Gli adolescenti che si sono occupati con successo dei conflitti iniziali sono pronti per "la crisi d'identità", che è considerata da Erikson come il singolo conflitto più significativo che una persona deve affrontare. (Il conflitto più significativo per Freud è l'Edipo; per Adler è il complesso di inferiorità.

Risultato positivo: Se l'adolescente risolve con successo questo conflitto, uscirà da questa fase con un'identità forte per progettare il futuro.

Risultato negativo: Se non ha successo, l'adolescente affonderà nella confusione, incapace di prendere le decisioni e le scelte, particolarmente circa il "vocation", l'orientamento sessuale ed il suo ruolo nella vita in generale. (10)

Quinta fase. La missione dell'adolescente è di acquisire un senso d'identità che è stabile ed integrato, rispetto ad uno precedente più diffuso. S'inizia a prendere consapevolezza dei tratti della propria individualità, delle proprie preferenze, dei propri obiettivi e desideri, delle proprie potenzialità ma anche dei propri limiti.

Questo processo inizierebbe grazie all'identificazione con i propri pari e con le figure significative che l'adolescente vede in veste d'autorità.

La transizione dall'infanzia all'età adulta è un momento difficoltoso che vede due tendenze: una spinge verso un mondo adulto, complesso, in buona parte sconosciuto e per alcuni versi inquietante ed un'altra dominata dalla riluttanza a lasciare un mondo sicuro, garantito, tipico dell'infanzia.

L'adolescente soffre di una certa confusione d'identità. La crisi d'identità di cui parla Erikson nasce dal tentativo messo in atto dall'adolescente di superare la confusione e l'ambivalenza, per lasciare poi spazio alla propria identità con le caratteristiche di stabilità e di coerenza dagli altri. E' in questa fase che s'integrerebbe il senso della fedeltà ai propri schemi di riferimento (valori e ideologie).

Tipico di questo periodo è l'adesione a forme ideologiche, l'appartenenza ad un gruppo che confermi l'adeguatezza dei propri valori.

Età Adulta

I traguardi che lanciano l'età adulta:

A) La Polarizzazione Sessuale: un Io forte nell'adolescente è capace di sopportare la crisi attraverso la quale si deve passare per raggiungere l'equilibrio finale e l'integrazione delle sue esperienze a volte opposte e contraddittorie. La polarizzazione sessuale significa principalmente adattamento personale adeguato e un'attitudine favorevole verso il proprio ruolo sessuale.

B) "Leadership" e adesione: significa principalmente adeguatezza nelle relazioni interpersonali, e adattamento a gruppi indicativi per l'individuo; fiducia di fronte all'ambiente e alle sue figure significative; adeguato esercizio e condivisione dei ruoli di leader; senso del proprio valore; maturità , responsabilità; tendenza all'accettazione e al riconoscimento delle figure d'autorità.

C) Il Compromesso Ideologico: significa principalmente il grado di partecipazione dell'individuo in relazione all'orientamento di valori nell'ambiente; stabilità, integrità, fiducia personale, maturità e adattamento alle esigenze sociali. Con queste parole, bisogna ricordare il giovane nazista che dopo 13 anni vede il suo mondo crollare. La scelta, che un individuo fa in una fase, può essere sbagliata a causa di eventi esterni. Questa scelta non deve essere contro la cultura, molte volte la scelta è in conformità alla cultura.

Fase 6: Età adulta giovane -- età ?19-30 - - ?40-50

Crisi: "Intimacy" contro isolamento

Descrizione: In questa fase, gli eventi più importanti sono i rapporti d'amore. Non importa come siete riusciti con il vostro lavoro; secondo Erikson, si è completi solo si è capaci d'intimità. Un individuo che non ha sviluppato un senso dell'identità solitamente avrà timore di un rapporto completo e potrebbe ritirarsi in isolamento.

Risultato positivo: Gli adulti possono formare i rapporti senza dover perdere la propria identità.

Risultato negativo: Se non lo fanno, temeranno l'impegno, si isoleranno dagli altri e saranno incapaci di dipendere da qualcuno.

Sesta fase: inizio dell'età adulta. Nell'infanzia e nell'adolescenza l'amore è un bisogno indifferenziato, nell'età adulta la ricerca d'amore e di relazione è di tipo più maturo. In questa fase le relazioni appaiono come delle scelte di legare la propria individualità a quella di un'altra persona. E' l'amore, inteso come impegno nella relazione, che caratterizza tale fase, intesa come compartecipazione a diverse attività, oltre l'amore, quali l'amicizia ed il lavoro.

Fase VI: intimità sociale, emotiva, e sessuale. La maggior parte delle persone ha bisogno di realizzare tutte e tre. Fase VII: riproduzione e produzione. Noi cerchiamo di produrre qualche cosa che ci renda felici e/o benefici la società. Molto spesso per ottenere un successo con la fase VII sono richiesti dei discendenti. La fase VIII è la pagella della vita. Il risultato che otteniamo nelle prime sette fasi è cruciale per l'ottava.

Fase 7: Età adulta centrale -- età ?40-50 – ?65-70
Crisi: "Sviluppo procreativo" contro stagnazione
Descrizione: Erikson si riferisce alla capacità dell'adulto di osservare fuori se stesso e di aver cura degli altri, con "parenting", per esempio. La coppia adulta ha figli; questo è il prototipo della settima

fase. Erikson ha suggerito che gli adulti hanno bisogno dei bambini tanto quanto i bambini hanno bisogno degli adulti e che questa fase riflette la necessità di generare un'eredità vivente.

Risultato positivo: La gente può risolvere questa crisi avendo ed intrattenendo bambini, o aiutando la generazione seguente in altri sensi.

Risultato negativo: Se questa crisi non è risolta con successo, la persona rimarrà con un'esperienza ristretta. Perché? Perché non ha altro nella vita.

Settima fase: periodo della generatività. E' in questa fase che si manifesterebbe la propria capacità produttiva: nei campi lavorativi, nell'impegno sociale, nella famiglia compresa la nascita dei figli. Nel caso in cui la possibilità di generare è inibita in nessuno di questi ambiti, c'è il rischio che la personalità regredisce, vivendo un senso di vuoto, d'impoverimento.

E' la sollecitudine, definita come "la dilatante preoccupazione per ciò che è stato generato dall'amore, dalla necessità o dal caso". (tendenza ad occuparsi della propria famiglia, cura, assistenza, "allevamento" dei figli, trasmissione della cultura, ecc.). E' bene ricordarsi che Carl Rogers ha detto molte volte che una persona deve essere trattata come una pianta: ha bisogno di spazio, sole e acqua. Non è necessario essere Einstein o Freud per essere un buon genitore, bisogna essere un buon contadino.

Fase 8: Età adulta ritardata – età? Al decesso
Crisi: Integrità contro disperazione importante
Descrizione: La vecchia età è un momento per riflettere sulla propria vita ed il relativo ruolo nello schema grande delle cose, vedere il ruolo riempito

di piacere e soddisfazione o disappunti e guasti. In questa fase l'individuo riceve la "pagella".

Risultato positivo: Se l'adulto ha realizzato un senso di adempimento circa la vita ed un senso di unità all'interno, accetterà la morte con un senso di integrità. L'adulto con una buona "pagella" non temerà la morte.

Risultato negativo: Se non realizza niente, l'individuo si dispera e teme la morte.

Ottava fase: quest'ultima fase sottintende l'idea della personalità come un processo evolutivo che si protrae fino alla vecchiaia. Questa fase vede l'integrazione di dimensioni psicologiche come l'integrità e la disperazione. In seguito all'essersi occupati delle persone amate e portati a termine i vari obiettivi mondani, ecc., arriva il momento della riflessione sulla propria esistenza.

E' il periodo dell'affermazione della propria individualità e del proprio stile esistenziale. Sono la diversità ed il senso di compiutezza i costituenti del patrimonio di ogni individuo a quest'ultima fase.

La disperazione rispetto alla propria esistenza e alla vita, di fronte alla realtà della morte, entra a far parte di questa fase. E' il momento del bilancio, della nostalgia di eventuali rimpianti. In questa fase, affinché la vita non degeneri in un sentimento di decadimento, è importante integrare la virtù della saggezza. Questa permette all'individuo di accettare il limite dell'esistenza. Per Erikson la saggezza è "...interesse distaccato per la vita in sé, al cospetto della morte". (2,4,5)

LA PSICOLOGIA DELL'IO

Come è passato, Erikson, dalla teoria di Sigmund Freud alla sua teoria? La risposta è: l'analisi dell'Io. (12.13)

L'analisi dell'Io sarà invece ripresa e teorizzata, nel 1930, da Anna Freud (1895-1982, l'unica figlia di Freud che segue i suoi passi, che concorre a realizzare il viraggio che sposta l'asse della psicoanalisi dall'economia delle pulsioni. Qui usa la terminologia di suo padre. Le esigenze del mondo esterno saranno in seguito sistematizzate da Anna Freud. Qual è la sua fonte? Secondo molti è Alfred Adler; certi autori considerano poi Adler un precursore della Psicologia dell'Io. Altri autori come H. S. Sullivan, K. Horney e E. Fromm, pensano che la sua fonte sia una scuola culturale neofreudiana. Certamente c'è un "senso di comunità" con Adler (anche Binswanger condivide questa convergenza).

Ma i suoi pazienti sono molto diversi; sono bambini piccoli in tempo di guerra e senza famiglia. La terapia di Anna Freud, rivolta ai soggetti in età evolutiva si scontra immediatamente con l'esperienza analoga di Melanie Klein. La teoria venne spiegata nel 1925; la pratica e la prova iniziarono nel 1939. Scrive Anna Freud: "L'accresciuta attenzione prestata all'Io durante il processo terapeutico pose fine al periodo in cui l'analisi veniva considerata esclusivamente come psicologia del profondo e l'analisi diventa *analisi della personalità totale* nel vero senso del termine". Quanto alla tecnica terapeutica, Anna Freud sottolinea le differenze più che le somiglianze con i procedimenti messi a punto nella cura degli adulti, scontrandosi ancora una volta con la Klein. Secondo Anna Freud, la terapia deve invece preoccuparsi di riparare i danni inflitti al bambino nel corso del processo educativo. Il termine "educativo" significa tutte le esperienze fatte dalla nascita all'età adulta.(3, 11, 12, 13) La Freud ne circoscriveva l'impiego ai casi di vera e propria nevrosi ritenendo tra l'altro che non fosse possibile trasferire senza riserve la psicoanalisi dagli adulti al bambino. Le divergenze con la Klein riguardavano inoltre la tecnica analitica e le specifiche modalità con cui nei bambini si manifesta il transfert, rivolto prevalentemente ai genitori. Riprendendo spunti del padre, la Freud da una sintesi organica dei meccanismi di difesa messi in atto dall'Io (regressione, rimozione, formazione reattiva, ecc.). Questi concetti erano importanti per Erikson.

Un altro aspetto importante, che contribuì alla teoria centrale di Erikson, era il lavoro di Heinz Hartmann (1894-1970). Era il principale esponente della psicologia dell'Io, sosteneva che l'importanza dell'Io non è limitata alle sue operazioni difensive. Hartmann elaborava il concetto di un Io autonomo, dotato di sue specifiche funzioni. A causa del bisogno di realizzarsi nel mondo reale, l'Io sviluppa interessi propri, che non sono subordinati all'Es e al Super-io. Le funzioni autonome dell'Io sono presenti dalla nascita e sono rappresentate, tra le altre, dal pensiero, dall'apprendimento, dalla percezione, dal controllo motorio e dal linguaggio. (14) Hartmann, diversamente da S. Freud, che riteneva che l'Io e il Super-Io si sviluppano dall'Es, dal quale deriva la loro energia, sostiene che l'Io non ha origine dall'Es, ma da una matrice indistinta da cui hanno origine sia l'Es che l'Io. La concezione di Hartmann si inquadra nel progetto di conferire alla psicoanalisi lo statuto di una psicologia generale. Il concetto di adattamento ha un ruolo centrale; esso è in primo luogo un rapporto reciproco tra organismo e ambiente, inteso quest'ultimo sia in senso biologico sia in senso sociologico. L'opera di Hartmann ha profondamente influenzato la psicoanalisi nordamericana (e.g., Erikson e Kohut). (3, 12)

David Rapaport ha sviluppato il pensiero di Hartmann ed ha approfondito ulteriormente alcuni dei suoi contributi; tentò di arricchire il punto di vista della psicologia dell'Io con la teoria generale dei sistemi di von Bertalannfy. Nella sua opera *Struttura della teoria psicoanalitica*, procedette a una sistematizzazione della metapsicologia freudiana. Il suo modello integra la prospettiva di

Hartmann. In questo modo la psicoanalisi viene considerata "scienza della totalità". (3)

Tutto ciò è in opposizione alla teoria di Melanie Klein (1882-1960). Klein basò la propria teoria sulle osservazioni dei bambini e sulle proprie esperienze di analista infantile. Elemento centrale della sua teoria è l'esistenza nel bambino di fantasie inconsce, caratterizzate da un intenso istinto di morte, che determina la costante presenza di una minaccia esterna, da cui difendersi. Usando la tecnica del gioco si aggira l'ostacolo della verbalizzazione e delle libere associazioni, che costituiscono, ovviamente, dei mezzi che non sono alla portata dell'età infantile (oggetto transizionale, il bambino aggressivo). La sua teoria psicoterapeutica procede, dapprima al contenimento dell'azione della struttura infantile, che tende a danneggiare la realtà adulta; questa realtà serve per rinforzare le parti più mature e responsabili della personalità. Di conseguenza, la realtà adulta può essere danneggiata da un trauma subito in un'età molto giovane.(6, 12) La teoria di Erikson provvede una lista più specifica di danni e una lista più specifica di terapie per questi danni subiti.

Erikson seguì i passi di Anna Freud e di Heinz Hartmann. Con *Normalità o patologia nell'età infantile* (1965) Anna Freud risponde, in sintesi, a due libri più importanti di Erikson, **Infanzia e società** (1950) e **Identità and the Life Cycle** (1959):

-- L'egocentrismo: la madre esiste solo in quanto risponde ai bisogni ed ai desideri del bambino (0-2 anni).

-- La debolezza del pensiero, cioè del processo secondario di fronte alla forza degli impulsi e delle fantasie. (qui aggiunge aspetti del lavoro di suo padre e di Melanie Klein). (13, 14)

In sintesi la Freud sottolineava il concetto di "linee di sviluppo", l'idea cioè che i processi di crescita avvengono in aree diverse della personalità lungo direttrici relativamente autonome e con ritmi molto diversi. In questo libro la Freud ha cercato di riunire le teorie di diversi analisti (incluso il suo opponente, M. Klein).

ERIKSON E FREUD

Nelle prime due fasi (orali ed anali) Erikson sviluppa il pensiero di Freud. Nella terza fase c'è un grande cambiamento.

PRO

Nella fase orale primaria, le modalità d'incorporazione dominano la zona orale. In ogni caso, è preferibile chiamare questa area d'interesse "orale-respiratorio-sensorio"

Perché? La prima forma d'incorporazione, nel primo anno, condiziona il comportamento di tutte queste zone, incluso la superficie di tutta la pelle. Gli organi di senso e la pelle sono ricettivi ed in modo crescente "affamati" di stimolazione.

Questa "generalizzazione" della maniera d'incorporazione nella zona orale a tutte le zone sensibili della superficie del corpo rappresenta il compito di "good enough mother". (2,4)

La stessa analisi è elaborata per la fase anale. Qui, però, entra in gioco il genitore competente. Vedere la seconda fase sopra descritta.(2,4)

CONTRO

L'idea che Edipo ha ucciso suo padre e sposato sua madre, e che poi è diventato un protagonista mitico, sul palcoscenico è vista con intensa pietà e terrore.

Perché? Possedere la madre di una persona e sostituire il padre di una persona sono un augurio universale e generalmente proibito.

Bisogna ora menzionare un pensiero di Jung: egli afferma che il complesso di Edipo è il primo archetipo. Inoltre, senza il concetto di tabù contro l'incesto, il pilastro centrale della teoria di Freud cade. (15) Il rifiuto di Erikson di riconoscere importanza a tutto questo, sottolinea un distacco radicale da Freud. (17)

Concludendo, come diceva Diderot, se il piccolo ragazzo avesse il potere di un uomo, stuprerebbe sua madre ed assassinerebbe suo padre. Se il bambino avesse tale potere, non sarebbe un bambino e non avrebbe bisogno di stare con i suoi genitori. Essendo questa la condizione del bambino quindi è probabile che lui preferisca semplicemente altri oggetti di attrazione sessuale. (17) In questa maniera Erikson mantiene il pensiero di Freud ma rigetta il concetto centrale di incesto.

IL TEMPO E' CAMBIATO

Dopo 50 anni qualcosa è cambiato. (18, 19, 20) Si vive più a lungo. Questa è la ragione per il punto interrogativo dalla quinta all'ottava fase. Alcuni non vanno mai in pensione, continuano a lavorare finché non muoiono; nascono meno bambini; per avere un educazione occorre molto più tempo. Tutto ciò cosa significa?

Un'educazione lunga nel tempo prolunga l'adolescenza. Erikson ha preso un modello americano: finisci la scuola e poi sposati. Al giorno d'oggi questo non succede. Molte persone vogliono avere una carriera, poi avere bambini e poi continuare la carriera. La lunghezza della quinta fase sembra sia aumentata. La sesta e la settima fase sembrano si siano unite. Infine, per molti, l'ottava fase è costantemente rifiutata.

Il lavoro di esperti come lo psichiatra Roger Gould (Università della California, Los Angeles), lo psicologo Daniel Levinson (Yale) e lo psichiatra George Vaillant (Harvard), ha raggiunto un accordo su il ciclo degli adulti. (20). Sfortunatamente, trenta anni più tardi, i fatti non vanno d'accordo con la teoria; c'è sempre un limite in questo tipo di lavoro. Uno studio di coorte dura trenta, quaranta anni; ma i figli del gruppo analizzato non agiscono come i loro genitori.

Dall'altro lato del "life cycle" la pubertà arriva in anticipo.

Questo fenomeno fu notato la prima volta negli anni Settanta. Il bambino è fisicamente maturo, ma le emozioni, il corpo e la mente non sono in armonia.

Gli ormoni hanno superato i neuroni. L'aspetto biologico ha sorpassato il processo di socializzazione.

Heinz Kohut (1913-1981) collegò, con il suo libro del 1971, *Narcisismo e analisi del Sé*, la dimensione sociologica con quella psicologica. La sua formazione è psicoanalitica ma la sua elaborazione se ne allontana progressivamente. Sottolineo che Kohut usa il termine *Sé*. Se l'individuo viene descritto come una cellula, Kohut ne puntualizza solo la membrana. L'Io di Freud e tutti gli altri contenuti di Jung (ombra, anima) non vengono presi in considerazione. La società americana degli anni settanta gli appare abissalmente lontana dall'Europa di Freud e dei suoi primi seguaci. Sino a tempi relativamente recenti, osserva Kohut, la minaccia psicologica prevalente era rappresentata dal conflitto interiore. Per Kohut l'esperienza del *Sé* ha un carattere introspettivo. (18) In una prospettiva evolutiva il *Sé* è colto, in forma rudimentale, sin dalla nascita, perché il bambino viene considerato dalla madre e da tutte le persone del suo ambiente come dotato di un *Sé*. Ma questo è un *Sé* passivo. Qual è l'oggetto del *Sé*? Il *Sé* è una persona che comprende tutti gli altri aspetti della psicoanalisi rimossi. Questa è la conclusione di Christopher Lasch (1932-1994) in *La cultura del narcisismo* (1981). Secondo Lasch la società industriale, centrata sul consumo, ha prodotto un nuovo tipo di uomo: trasparente, angosciato, completamente ripiegato su se stesso e dipendente dagli altri: il nuovo Narciso. (18,19)

Il pensiero di Lasch va contro il pensiero di Adler. Per Adler l'individuo deve combattere contro le proprie imperfezioni; la vita è un conflitto fra noi e la nostra debolezza. Il pensiero di Lasch va contro lo schema di Erikson. Per Erikson l'individuo si sviluppa. Per Lasch ci sono sempre dei consumatori di piacere. Non c'è modo di avvicinarsi l'uno con l'altro perché tutti sono parassiti. "La capacità di generare", per Lasch, non esiste.

Nelle pagine successive verrà presentata una critica fondamentale contro Erikson. Questa critica è valida anche per Rogers, Maslow, e Adler. Questi scritti con Erikson rappresentano le teorie classiche di cambiamenti significativi della vita. Di seguito verranno presentati due sistemi in cui si dimostra la forza della teoria di Kohut. Infine, si presenterà una teoria sulla personalità senza una identità individuale. Erikson presenta un sistema per un'Io integro e integrato nella società. Eric Hoffer (1902-1983) presenta l'Io che non si integra e che è distaccato dalla società.

SCHOPENHAUER: LA VOLONTA'

Nell'Agosto 1913, nel corso del Congresso internazionale di scienze mediche, nella sezione di Psichiatria, Pierre Janet ha presentato una relazione critica sulla psicoanalisi, sostenendo la priorità della sua teoria. Secondo Jacques Barzun, c'è un'altra figura che novanta anni prima ha presentato la stessa idea. (21,22)

Arthur Schopenhauer (1788-1860) è il padre spirituale di Freud. E' il precursore più eloquente di Freud e rimane (anche nell'importanza d'impulsi sessuali) il suo difensore più efficace (21). E' la negazione al completo di ogni cosa in cui Erikson crede.

Il Mondo Come Volontà e Rappresentazione è un suo capolavoro, scritto nel 1818 e pubblicato nel 1819. Dopo un viaggio in Italia, ottenne la libera docenza a Berlino nel 1820, discutendo con Hegel, col quale venne in conflitto; e a Berlino rimase frustrato per la concorrenza hegeliana, a causa della quale le sue lezioni erano disertate.

Schopenhauer critica in particolare Hegel, "sicario della verità", la cui filosofia è mercenaria al servizio dello Stato. Noi non conosciamo le cose in sé stesse ("non vediamo né il sole né la terra"); conosciamo "l'occhio che vede il sole, la mano che sente il contatto con la terra"; il soggetto filtra la realtà (analogamente a Kant, con la differenza che per Schopenhauer le categorie hanno una matrice fisica e non trascendentale).

La **Volontà** è:

a) **inconscia**: Come ricorda Abbagnano: "Essendo al di là del fenomeno, la Volontà presenta caratteri contrapposti a quelli del mondo della rappresentazione, perché si sottrae alle forme proprie di quest'ultimo: lo spazio, il tempo e la causalità". Innanzitutto la Volontà primordiale è inconscia, poiché la consapevolezza e l'intelletto costituiscono soltanto possibili manifestazioni secondarie. Di conseguenza il termine **Volontà,** preso in senso metafisico-schopenhaueriano, non s'identifica con quello di volontà cosciente, ma con il concetto più generale di energia o d'impulso.

b) **unita:** La Volontà non è qui più di quanto non sia là, non è oggi più di quanto non sia stata ieri o sarà domani. Essa, dice Schopenhauer, "è in una quercia come in un milione di querce".

c) **eterna:** Essendo oltre la forma del tempo, la Volontà è anche eterna e indistruttibile, ossia un Principio senza inizio né fine. Per questo, Schopenhauer scrive che: "alla Volontà è assicurata la vita" e paragona il perdurare dell'universo nel tempo ad un "meriggio eterno senza tramonto refrigerante". Freud non è accordo con questo.

d) **assurda e cieca**: Schopenhauer nega il "principio di ragione"; la Volontà si configura anche come una Forza cieca, senza un perché e senza uno scopo. (21)

Schopenhauer è il critico supremo d'Erikson *et alia*. Non c'è nessun compito, nessun conseguimento, nessun significato all'interno di quello che noi chiamiamo la vita umana. Tutto ciò che noi possiamo fare come individui è fingere di considerare le nostre vite individuali come romanzi scritti da qualche autore misterioso (che non è in alcun modo Dio).

LA TEORIA UMANISTICA

Due importanti teorici di questa corrente, negli Stati Uniti nel XX secolo, A. Maslow e C. Rogers, in contrasto con la teoria di Freud che vedeva nella sessualità l'elemento essenziale di vita, considerano il bisogno di crescere e di affermarsi come la forza fondamentale che motiva il comportamento umano. Erich Fromm può essere considerato una figura importante, ma la sua influenza è minima paragonandola a quella di Erikson, Maslow e Rogers. Come William James, John Dewey e B. F. Skinner, anche Erikson, Maslow e Rogers facevano parte della cultura americana. Fromm, avendo interesse per Marx e per il socialismo, è stato escluso. La psicologia umanistica americana è nazionalistica. Per esempio, il concetto di "cliente" (Rogers) è perfettamente adeguato per un uomo d'affari americano. L'idea di sviluppo attraverso stadi o scalare una piramide (Erikson e Maslow) è perfettamente naturale per una persona americana.

Abraham Maslow (1908 – 1970), afferma, innanzitutto che lo studio della personalità deve basarsi sullo studio di persone sane e creative. In secondo luogo, pone alla base di ogni bisogno una sola reale pulsione: "L'autorealizzazione". Lo studioso americano articola la sua gerarchia dei bisogni in due gruppi, uno fondato sulla mancanza dei bisogni di base, l'altro sulla crescita dei metabisogni. In ognuno di questi gruppi, i bisogni sono organizzati secondo scale di priorità. Ad esempio, nel gruppo della mancanza devono essere soddisfatti prima i bisogni del cibo, ossigeno e sonno, e dopo i bisogni dello strato successivo, in altre parole quelli riguardanti la sicurezza. Una volta soddisfatti i bisogni di base, entrano in gioco i metabisogni, in pratica quelli di appartenere ad un gruppo, il bisogno d'amare, il bisogno di stima e di competenza, ecc. La meta ultima dell'individuo è l'autorealizzazione. (23)

LA PIRAMIDE DI MASLOW

AUTOREALIZZAZIONE

BISOGNI DI STIMA E DI COMPETENZA

BISOGNO DI APPARTENERE AD UN GRUPPO

BISOGNO DI AMORE

BISOGNI DI SICUREZZA

BISOGNI FISIOLOGICI

Carl Rogers (1902 – 1987) riteneva che un fattore fondamentale della personalità fosse il concetto di *Sé*, vale a dire l'autostima che abbiamo di noi stessi. Questo concetto è positivo, tendiamo ad agire e a percepire il mondo in modo positivo; mentre se è negativo, in altre parole se abbiamo scarsa stima di noi stessi e poca fiducia nelle nostre possibilità, ci si sente frustrati, insoddisfatti ed infelici. (vedere Kohut) Per Rogers lo scopo è di fare in modo che il *Sé* sia "buono".

Secondo Rogers autenticità, accettazione ed empatia sono come l'acqua e il sole per le piante; permettono alle persone di crescere sane e forti, infatti "le persone quando sono accettate e stimate, tendono e sviluppare un atteggiamento di maggiore attenzione per sé stesse". (24,25)

PSICOLOGIA INDIVIDUALE

ALFRED ADLER (1870 – 1937): Il bambino fin da piccolo comprende che non sa fare le cose che le persone grandi sanno fare, è cosciente della sua poca conoscenza del mondo esterno e per questa acquisisce un senso d'inferiorità rispetto agli adulti. La maggior parte di loro, sempre secondo Adler, supera con successo tale sentimento d'inadeguatezza, mentre coloro che non ci riescono, cercano di mascherare all'esterno (o anche a sé stessi) questo loro senso d'inferiorità assumendo delle false apparenze o un atteggiamento da persone superiori. Dentro di loro, però, quest'aspirazione alla superiorità finisce per essere la motivazione principale della loro vita. Non solo, ma spesso è all'origine delle nevrosi e dei disturbi mentali. (26,27)

Secondo Barzun, l'influenza di Adler è come quella di Freud o di Jung. (22) La si nota principalmente nello studio di "life cycle". Adler puntualizza un particolare momento che cambia la vita in modo negativo: "Nel passato di ogni nevrotico si trovano dei ricordi e degli stati affettivi di negativa autovalutazione, rafforzati da indizi che rispecchiano i suoi esagerati obiettivi... Questa insufficiente autovalutazione originale del nevrotico si erige spesso su di un'impressione fisica di debolezza, di sofferenza, d'insicurezza organica o spirituale e costituisce un punto di fuga psicologico importante per lo sviluppo psichico del bambino, in cui si manifesta il rapporto realizzato dal bambino con l'ambiente... In questo modo di misurare e di preparare l'avvenire, nell'atteggiamento preparatorio alla vita futura ed alla riuscita con il trionfo sul mondo esterno, si ritrovano sempre le tracce della sua insicurezza oggettiva". (26-- capitolo 20, "Il substrato organico delle psico- nevrosi", "*La Psicologia Individuale*").

Adler chiama questa teoria Psicologia Individuale perché pensava che ogni persona fosse unica. La teoria di Adler include quattro aspetti: lo sviluppo della personalità, la conquista di superiorità in diverse categorie, la salute psicologica (igiene mentale), l'unità della personalità. Il successo acquistato, nei primi due aspetti, quasi sempre porta al compimento degli ultimi due. L'autorealizzazione, la famosa parola di Maslow, è il successo della personalità o dell'Io alla conquista di questi bersagli. Nella teoria di Erikson il termine "inferiorità" è usato nel quarto stadio (fase). Dal momento che Erikson ha introdotto il termine "inferiorità", questo viene associato con l'inizio dell'età scolastica (in particolare nel nord America). Per Adler l'uso di questo termine è molto più ampio. Usando una terminologia militare, la vita è una guerra. Lo scopo della guerra è di costruire un perfetto unico Io. Al contrario di Freud, Adler crede che il conscio e l'inconscio lavorano insieme per arrivare allo scopo. C'è un problema che causa la battaglia in ogni guerra: ogni perfetto Io è unico e può non essere compatibile ad altri. C'è un altro problema: una persona deve risolvere molti problemi di diverso tipo; si va dal controllo del proprio destino all'imparare a scrivere, dall'imparare a convivere con gli altri ad arrivare ad aver un successo personale. Ogni battaglia è un tentativo per diventare superiore agli altri. Infine, bisogna definire due termini che Adler usa molto spesso: complesso di inferiorità e complesso di superiorità. Secondo Adler, tutti gli individui alla nascita provano un sentimento di inferiorità, che può diventare un complesso d'inferiorità. Per compensare ciò, le persone tendono a crearsi un modo di vita ingannevole, basata sul raggiungimento della superiorità nei confronti degli altri. Questo è il complesso di superiorità in cui l'individuo tenta di superare il suo complesso di inferiorità sopprimendo i suoi veri sentimenti. (27)

FRANKL E BERNE

Ora verranno considerati due allievi di due grandi saggi della psicoanalisi: Victor Frankl allievo di Alfred Adler e Eric Berne allievo di Erik Erikson. Frankl e Berne sono importanti per il nostro tema di studio perché hanno inventato due sistemi, chiamati psicoanalisi, che non hanno niente a che fare con la psicoanalisi vera e propria. Entrambi sono il figlio prodigo che non torna però a casa dal padre. Frankl pretende di sviluppare un nuovo sistema in cui la filosofia prende il posto della vera psicoterapia. Berne ha preso spunto da "GAME THEORY" di John von Neumann ma è totalmente uscito dai limiti della sua teoria. Sia Frankl che Berne sono fuori della psicoanalisi, ma entrambi dimostrano i pensieri di Kohut.

Victor Frankl (1905-1997), medico e psichiatra, filosofo e psicoterapeuta, saggista e conferenziere di fama mondiale, è il fondatore della logoterapia. Definita ufficialmente da Wolfang Soucek come "terza scuola viennese di psicoterapia" (dopo quelle di Sigmund Freud e di Alfred Adler), la logoterapia, o analisi esistenziale (espressione alternativa adottata da Frankl a partire dal 1933), rientra nell'ambito della psicologia e delle sue pratiche. (30) Tutto questo è un po' esagerato. La sua teoria non ha niente a che fare con la psicoanalisi. Come filosofo Frankl è poco originale.

La logoterapia è stata concepita allo scopo di combattere, sul piano terapeutico, il sentimento della mancanza di senso della vita. Il fine della pratica logoterapica è quello di aiutare la persona ad individuare e recuperare il significato della propria esistenza.

Secondo Frankl ogni situazione, per drammatica che possa essere, non è mai tragica. Sulla terra certamente non esiste la perfezione, ma di certo esiste la perfettibilità. E la perfettibilità è un orizzonte perennemente aperto, che fornisce la possibilità di trovare uno spazio di libertà e di intelligenza attraverso cui operare al fine di rendere esplicito il significato della vita.

Sopravvissuto al campo di concentramento nazista, Frankl ha scoperto che l'equilibrio psichico dipende dalla percezione significativa di Sé. Quando l'individuo non si sente significativo, allora cerca compensazione o in gratificazioni artificiali (droghe) o in comportamenti distruttivi ed autodistruttivi.

Sicuramente Frankl è stato forte e fortunato nel sopravvivere nel campo di concentramento nazista. Ma niente di tutto questo l'ha portato a diventare un saggio originale. Il termine "logoterapia" probabilmente proviene dal vangelo di Giovanni capitolo 1, che di per sé è una corruzione all'uso fatto da Eraclito (540-475 a C). (32) Ogni altro punto della sua "filosofia" proviene da Zeno of Citium (340--265a.C.), da Marco Tullio Cicerone (106--43 a.c.) (vedere *De officiis* e *De natura deorum*), da Lucio Seneca (circa 4 a.C.-- 65 d.C.), da Epitteto (circa 60-circa 138 d.C.) e da Marco Aurelio (121--180 d.C.). Questa lista proviene dallo stoicismo che ha lo stesso pensiero di Frankl. (33) Per Frankl l'esistenzialismo è un vecchio vino in una nuova bottiglia. Niente di tutto questo è importante con l'eccezione dell'idea che i filosofi dovrebbero prendere il posto dei psicoterapisti. Purtroppo la figura del Guru-filosofo è di moda oggi negli Stati Uniti d'America.(34) Questa è una risposta alla negatività di Lasch.

Eric Lennard Bernstein (Eric Berne) (1910-1970): secondo i suoi sostenitori, l'Analisi Transazionale è una teoria psicologica, di facile comprensione ma veramente acuta, relativa al pensiero, ai sentimenti e al comportamento delle persone; allo stesso tempo è un sistema efficace e attuale di psicoterapia, di psichiatria sociale e di analisi socio-culturale valida anche nel campo dell'educazione e delle organizzazioni. (28, 29, 30) Tutto questo è vero se si esclude persone con neurosi o psicosi. Questa teoria è valida solo per "individui normali" e con qualche disturbo della personalità. Berne non aggiunge altro nel suo capolavoro. Sicuramente è una semplificazione del concetto dell'Io. Nel suo lavoro non c'è niente che tratti lo sviluppo umano prima dell'età adulta. Questo facilita le cose: non c'è complesso di inferiorità, nessuno conflitto d'identità e, più importante ancora, l'individuo può recitare diverse parti (come un attore) nella sua vita. Berne ha preso "GAME THEORY" di John von

Neumann e ha portato tutto fuori dal limite della teoria. Per von Neumann la teoria si applicava solo per semplici giochi: una partita agli scacchi era troppo complessa. Il tipo di attività in cui questa teoria è utile si può paragonare in semplici transazioni come acquistare un auto. La sola psicologia che interessa von Neumann è la psicologia di un individuo che gioca in borsa o al casinò. (30)

STATI DELL'IO E TRANSAZIONI. Le interazioni interpersonali sono costituite da transazioni. Ogni transazione si compone di due parti: lo stimolo e la risposta. Le singole transazioni normalmente fanno parte di una serie. Alcune di queste possono essere dirette, produttive e sane; oppure possono essere ambigue, distruttive e malsane. La persona, quando interagisce, lo fa da uno a tre diversi stati dell'Io. Lo stato dell'Io è un modo specifico di pensare, sentire e comportarsi.. Il comportamento di una persona può venire dal suo stato dell'Io Genitore, dallo stato dell'Io Bambino, o dallo stato dell'Io Adulto. Ogni nostra azione proviene da uno di questi tre stati dell'Io. (28)

IL BAMBINO. Quando siamo nello stato dell'Io Bambino, agiamo come agirebbe il giovane della nostra infanzia. Non si tratta di una messa in scena: pensiamo, sentiamo, vediamo, ascoltiamo e reagiamo come un bambino di tre, cinque, o otto anni. Gli stati dell'Io non sono dei ruoli, ma stati dell'essere che proviamo realmente. Il Bambino affettuoso o scontroso, impulsivo, spontaneo o giocoso, è detto Bambino Naturale. Quando è pensoso, creativo, ingegnoso è detto il Piccolo Professore. Se ha paura, si sente in colpa o si vergogna è detto Bambino Adattato. L'Analisi Transazionale (AT) considera il Bambino come fonte di creatività, ricreazione e procreazione; l'unica fonte di rinnovamento della vita. (28, 29)

IL GENITORE. Il Genitore è come un registratore: è una raccolta di codici pre-registrati e pre-giudicati. Nello stato dell'Io Genitore, la persona pensa, sente e si comporta come uno dei suoi genitori o di chi ne fa le veci. Il Genitore decide, senza ragionare, come reagire alle situazioni, cosa è bene e male, come si dovrebbe vivere. Il Genitore giudica a favore o contro, e può rappresentare un controllo o un sostegno. Quando il Genitore ha un atteggiamento critico è detto Genitore Normativo; quando offre appoggio è detto Genitore Affettivo. (28, 29)

L'ADULTO. Nello stato dell'Io Adulto la persona funziona come un computer: opera sulla base dei dati che raccoglie e che poi memorizza o utilizza per prendere decisioni secondo un programma logico. Nello stato dell'Io Adulto la persona usa il pensiero logico per risolvere i problemi, assicurandosi che il processo non sia contaminato dalle emozioni del Bambino o del Genitore. In realtà, così come un Genitore che esclude produce un essere umano incompleto, anche un Adulto che esclude ha un effetto limitante. Qualcuno obietterà, con ragione: "Io sono adulto però ho delle emozioni!". Ma essere una persona matura o adulta non è lo stesso che essere nello stato dell'Io Adulto: un bambino può essere nello stato dell'Io Adulto, così come gli adulti ben funzionanti usano di continuo il Genitore e il Bambino. (28, 29)

Perché questo sistema è molto popolare? E' semplice: pretende di essere psicoanalitico e da nutrimento al Sé (vedere Kohut). Una persona scettica può vedere in questa terapia un grado di narcisismo. Il paziente è stato istruito in modo tale da riuscire ad interrompere un gioco. In questo gioco gli attori hanno nomi tipo "vittima", "persecutore", "salvatore", "la bella strega", "l'alcolista sempre allegro", ecc. Il compito del paziente è di interrompere il narcisismo degli altri personaggi. Lo scopo del narcisista è di manipolare altre persone (vedere Lasch).

IL VERO CREDENTE

L'americano Eric Hoffer (1902-1983) ha pubblicato un libro, *Il vero credente,* che risponde alle domande di Erikson per quanto riguarda Hitler e altri personaggi distruttivi. Perché sono così fanatici e distruttivi? Hoffer offre risposte che sono psicologiche, sociologiche e storiche; qui verrà preso in visione solo l'aspetto psicologico. (35) I fanatici hanno le seguenti caratteristiche:

Provano un distacco dalla propria famiglia e cultura; pensano che la propria famiglia e cultura siano senza forza e virtù. Sono contenti di essere dei soldati durante la guerra: amano l'unità dell'esercito, la possibilità di un cambiamento durante la guerra. Spesso sono dei falliti, in particolare non hanno un gran talento creativo. Il loro profilo va d'accordo con una personalità del tipo narcisista, paranoide, borderline e/o dipendente. Hoffer non usa nessuno di questi termini, ma la sua descrizione combacia con queste categorie.

Riassumendo, queste persone iniziano con un piccolo crimine ma non hanno il cervello o il coraggio per diventare dei grandi criminali, perciò si uniscono a dei gruppi che commettono crimini maggiori. Per Hoffer il vero scopo del crimine è di ferire o distruggere la società presente. Questi individui non hanno l'intelligenza o la disciplina per acquisire cambiamenti in modo pacifico. Piuttosto di accettare la sconfitta preferiscono distruggere l'oggetto dell'odio.

Chiaramente, se c'è una spiegazione della sindrome del vero credente, deve essere in termini di appagamento emotivo. Ma il perché ognuno abbia una tale necessità di credere nell'immortalità, nella superiorità morale o razziale, o addirittura perché l'ultima moda debba essere perseguita con zelo evangelico, resta probabilmente senza risposta. Potrebbe trattarsi d'insicurezza, come pensava Eric Hoffer, che diceva:

"Quanto meno un uomo è giustificato nel pretendere eccellenza per sé stesso, tanto più lui è pronto a pretendere eccellenza per la sua nazione, la sua religione, la sua razza o la sua sacra causa... Un uomo che pensa correttamente, molto

probabilmente pensa ai propri affari. Quando non è così, egli smette di pensare ai suoi insignificanti affari per occuparsi di quelli di altre persone... Il fanatico è perpetuamente incompleto ed insicuro. Egli non può auto-generare sicurezze dalle sue risorse individuali (cioè da ciò che se stesso ha rifiutato), ma solo trovarle aggrappandosi spassionatamente a qualunque sostegno gli capiti di incontrare... Vede facilmente se stesso come sostenitore e difensore della sacra causa alla quale si aggrappa, ed è pronto a sacrificare la sua stessa vita." (35)

Hoffer pensava che la sindrome del vero credente avesse avuto qualcosa a che fare col desiderio di abbandonare ogni responsabilità personale per la propria fede ed azione. Per Erikson è una perdita dell'identità. L'Io diventa il gruppo (nazista, fascista, comunista, ecc.). Non c'è crisi d'identità;

non c'è confusione di ruoli. Il movimento o la causa hanno scritto tutte le regole e diretto ogni azione: l'uomo diventa un burattino.

Hoffer loda un gruppo particolare: gli ebrei che hanno fondato Israele. Dice che sono persone che costruiscono una società piuttosto che distruggerla. Come sono i bambini di questa società? Bruno Bettelheim (1903-1990) dà la risposta nel suo libro I figli del sogno, (1969); usa come modello le modalità collettive di allevamento dei bambini nei *kibbutz*. (36) Bettelheim utilizza come modello teorico quello fornito dalla Psicologia dell'Io di Anna Freud e della psicologia cognitiva di Piaget. Nel kibbutz non trova spazio la disperazione che attanaglia l'uomo occidentale. Ma questo ha il suo prezzo, in termini di impoverimento della identità personale, della intimità emotiva e della autorealizzazione individuale. Esse vengono sostituite con l'identificazione con il gruppo, la capacità di intrattenere rapporti con molte persone, le realizzazioni collettive. Questo è ironico. Hoffer, il filosofo dell'individuo, usa come paragone una società che crea persone con meno autorealizzazione rispetto all'americano del 1964 - 1969. (36, 37)

L'ETA' DI ANSIA

Rappresenta il momento più alto raggiunto dalla psicoanalisi americana, il risultato più ricco del suo progetto integrativo e sintetico. Erikson riesce infatti a coordinare l'ottica sociologica e l'atteggiamento critico del culturalismo con la rigorosa concettualizzazione della Psicologia dell'Io. Appare più prossimo alle posizioni di Anna Freud, al suo tentativo di salvaguardare la specificità del campo psicoanalitico. Erikson conserva in gran parte il modello freudiano, integrandolo però in un più vasto schema di evoluzione psicosociale finalizzato a conseguire l'adattamento nella relazione individuo-ambiente. L'identità esprime soprattutto una funzione di sintesi tra le diverse parti della personalità, soggette ad un'evoluzione diacronica, e tra le esigenze interiori e le richieste sociali. (38)

Per Adler la vita è una lotta contro la debolezza. Sulla piramide di Maslow l'uomo si arrampica; c'è un'evoluzione esplicita. Come con Rogers, il tema è l'ascesa dell'uomo alla dignità, all'umanità. Erikson presenta la mappa più dettagliata di questo viaggio. È una lotta contro il caos.

Il poeta inglese, W. H. Auden descrisse Freud come "un clima d'opinione". Il clima era l'ansia e il caos.

Franklin Roosevelt fu d'accordo: "Tutti noi dobbiamo temere la paura stessa " (marzo, 1933). Disse questo nel primo giorno della sua presidenza e nello stesso anno in cui Erikson abbandonò l'Europa. Ci fu l'Età della Ragione, l'Età del Nazionalismo e, ora nella storia moderna, l'Età dell'Ansia. Questo era il mondo di Freud e di Erikson. Ma, 55 anni dopo l'uscita della prima edizione di "**Infanzia e Società**", il mondo rimane lo stesso di com'era tra il 1933 e il 1945.

Il capolavoro di Erikson è stato scritto in un periodo in cui gli Stati Uniti d'America erano una speranza per tutto il mondo. Purtroppo il Vietnam e altre calamità hanno distrutto questa speranza. Il muro di Berlino è crollato; l'Unione Sovietica è crollata; tutti sperano nella pace e tranquillità, ma non c'è nessuna pace.

La speranza della generazione di Erikson è stata distrutta; ogni pessimismo di Schopenahauer e di Freud sembra confermato. Il crollo delle Torri Gemelle è solo una della manifestazioni di un mondo in crisi. Dalla Cina a Gaza, dalla Somalia all'Amazzonia, l'Età di Ansia continua. Secondo Erikson la nostra sola speranza sono i nostri figli: "Ogni società consiste nello sviluppo dell'uomo: i bambini devono essere genitori nel futuro." (40)

Ogni adulto, ora un seguace o un "leader", un membro di una massa o di una élite, una volta era bambino. Ogni adulto è un bambino all'inizio. Ogni bambino è un substrato dell'umanità. La cultura, il periodo storico, la famiglia e milioni di eventi incidono sulla struttura del suo sviluppo. (4,5,22,23,26) L'unico modo per costruire un mondo migliore è di allevare meglio i figli. Questo è l'ultimo messaggio che Erikson ci lascia.

REFERENZE

1. *English Romantic Poets*. Wordsworth, 1960 New York.

2. E.H. Erikson, *Childhood and Society*, second edition, 1963 New York, pp 247-269.

3. U. Galimberti, *Dizionario di Psicologia*, Torino, 1992, p979, (Skinner); p445, (A. Freud); pp 492-3 (Hartmann); pp.886-7,(Rapaport).

4. R. F. Bielher *Child Development*, Boston, 1976 pp28-33 (Skinner vs Maslow); 356-401, 466-481 (Erikson).

5. D. Elkind, "Erik Erikson's Eight Ages of Man" in S. White (editor) *Human Development in Today's World*, Boston, 1976, pp 224-232.

6. Erikson, op. cit. pp175-186.

7. Erikson, op. cit. pp 133-139.

8. Erikson, op. cit. pp 360-366.

9. S. Finzi, *Storia dello Psicoanalisi* Milano, 1986, pp 333-34

10. E. Gootman, "Taking Middle Schoolers Out of the Middle" *New York Times* 22-1-2007.
11. M. Rossi Monti e S.Nicasi, in *Storia della Scienza*, Vol VIII (P. Rossi, ed.) Novara, 2006, pp 224-226.

12. S. Finzi, op. cit. Milano, 1986, pp 269-276, 269-330.

13. R. Kramer, "The "physiological parent" is the real parent: reflections on A. Freud, J. Goldstein, A Solnit: *Beyond theBest Interests of the Child*", New York Times Magazine
October 7, 1973, in S. White op.cit. , pp 62-64.

14. S. Suomi & H. Harlow "Monkeys at Play" *Natural History* December, 1971 in S. White, op. cit. pp 51-55.

15. C. Jung, *Psicoanalisi o Psicologia Analitica* (Italiano), Roma, 1998, pp 43-45.

16. Erikson, op. cit. pp 74-79.

17. Erikson, op. cit. p87.

18. S. Finzi, op. cit. Milano, 1986, pp 304-305.

19. C. Lasch, *La Cultura del Narcisismo*, Milano, prima ed., 1986; seconda ed., 2001.

20. TIME magazine "New Light on Adult Life Cycles" in S. White, op. cit. p 233.

21. A. Brook, "Schopenhauer and Freud", 1996 monograph.

22. J. Barzun *From Dawn to Decadence,* New York, 2001, pp 661-662.

23. S. Finzi, op. cit. Milano, 1986, p 242.

24. Gargione, op cit. pp 19-21.

25. S. Finzi, op. cit. pp 301-302.

26. A. Adler, *La Psicologia Individuale* (Italiano), Roma, 1970, pp 219-220.

27. M. Fisher, Alfred Adler: Annotated Chronology, New Concord, Ohio, 2001 monograph.

28. G.Valiakas, "Comunicazione e personalità. Genova, 1999, monograph.

29. E.Berne, *Games People Play*. San Francisco, 1964.

30. J. Bronowski, *The Ascent of Man*. Boston, 1975, pp. 421-435.

31. M. Scully, Viktor Frankl at Ninety, Washington D.C., monograph.

32. G. Bonomo & L. Zamperini, *La Filosofia delle Origini* Verona, 1997, pp 60-62.

33. H. Shapiro & E. Curley, (eds), *Hellenistic Philosophy*, New York, 1965, pp 77-154, pp 393-500.

34. www. aspcp.org: American Society for Philosophy, Counseling, and Psychotherapy,

35. *E. Hoffer* The True Believer, *New York, 1951.*

36. B. Bettelheim *I figli del sogno*, Milano, 1969, English language edition, New York, 1969 pp 296-321.

37. S. Finzi, op. cit. pp 297-298.

38. S. Finzi, op. cit. pp 288-289.

39. W. H. Auden, *The Age of Anxiety*, New York, 1949.

40. Erikson, op. cit. pp 404-406.

APPENDICE: DENTRO LA BAMBOLA

Immaginiamo la "Matriosca" (una bambola dentro l'altra): la bambola al centro verrà chiamata l'IO, dentro a questa bambola c'è l'elemento chiamato l'ES. secondo S. Freud L'IO nasce dall'ES che è una massa confusa di impulsi contraddittori. La bambola che "copre" la bambola dell'IO verrà chiamata ME. Il vestito di ME possiamo chiamarlo SE. Il ME è come il mondo vede l'IO; il SE è la parte dell'IO esterna che cerca cosa piacevoli. Infine, c'è lo stesso tipo di colore che si riscontra in ogni strato di queste bambole della "Matriosca" questo verrà chiamato il SUPER IO. Quando si mettono bene insieme questi quattro elementi si noterà che ogni "bambola" ha una propria identità. Bene, da ora in poi si parlerà più semplice.

Ora è appropriato soffermarci sulla "matriosca". All'interno dell'ultima bambola (la più piccola) c'è il materiale più pesante. E' come un "buco nero" che è piccolo ma massiccio. Però a differenza del buco nero che spinge ogni cosa all'interno, l'ES invece spinge fuori una grande cosa: l'IO. Dall'IO emergono due altre cose: il ME e il SE. Il ME è l'apparenza esterna dell'IO; è la nostra personalità, professione, e famiglia. Il SE è la percezione che l'IO ha del mondo e lo strumento che porta piacere all'ES. Ma perché il "buco nero" spinge ogni cosa all'interno? La risposta è ovvia, il "buco nero" dell'ES porta con sé la circostanze della nostra vita: la società, la famiglia dei nostri genitori, la conoscenza. Da questi componenti e dalla naturale tendenza dell'ES emerge il SUPER IO. Il buco nero dell'universo, inoltre, produce una grande forza: gravità e radiazione. Il "buco nero" dell'individuo produce un impatto nella società in cui vive. Quale impatto? I figli che cresciamo, il lavoro che svolgiamo, i crimini che vengono commessi, le buone azioni che si fanno, ecc.

Jung ci parla di ciò che è all'interno del buco nero. Per prima cosa il ME è la maschera che l'IO indossa. Dietro alla maschera c'è l'IO, e dietro a questo viso c'è l'ES. Pensiamo per un momento che l'ES sia il cranio.

All'interno del cranio troviamo molti personaggi interessanti. Ne verranno discussi solo due. C'è il bambino che piange perché vuole attenzione, questo è il bambino che viene nutrito dal SE. C'è l'uomo anziano pieno di sapienza. Alcuni dicono che è quella piccola vocina che ognuno di noi sente: la coscienza. Altri dicono invece che è il vero SUPER IO.

Alla fine abbiamo uno strano quadro: questo buco nero con la faccia "mascherata", con un cranio che sembra un baule pieno di giocattoli. Questo "buco nero" è il cervello e il motore della "matriosca". Come si dice "strano ma vero"..